Hechos 4;12

¡Solo en Jesús hay
salvación! no hay

otro nombre en éste mundo
por el cual los seres
humanos podamos ser

salvos.

POEMAS PARA ÉL GRAN YO SOY

5

Autor:

Ronny Siso.

POEMAS.

En todo tiempo.

Eres único.

Alfarero querido.

Al despertar.

Más inmenso que el cielo.

Tu amor llena y alimenta.

En tú amor.

Añades.

Llenas todo de ti.

¿ Quien ?.

Te busco y te encuentro.

Sin límites y fuerte.

Eres bueno.

No hay mejor regalo.

Estar en ti...

Contigo hay.

Nueva vida.

Bueno siempre.

En tiempos difíciles. Hay victorias.

Eres grande Dios.

Toda gloria.

Mi vida contigo.

Siempre estás.

En todo tiempo...

En todo tiempo,

en el mejor momento

aunque no lo estes viendo

Dios está intercediendo,

en el pasado

en éste momento

en el futuro

ÉL siempre está dispuesto

ha darte amor

si lo pones de primero;

En todo tiempo,

Dios es tu dueño

ÉL es él único

qué te da aliento,

solo llamalo

qué sus oídos

están atentos,

de seguro estará respondiendo

porque en todo tiempo

Dios es nuestro dueño,

y está dispuesto

en salvarnos

del peligro

en el cual estemos,

Él es amor

y no te hace prisionero,

nos liberto

con gran sacrificio

para ser su pueblo

en todo tiempo.

Eres único...

Eres único

estoy en tus servicios

llena mi tiempo

es lo qué quiero,

sin ti no vivo

no hay respiro,

contigo todo

tiene sentido

mí DIOS

querido ;

Eres único,

nadie ha formado

lo qué con tú poder

has mostrado,

por siempre digo

qué prefiero

caminar contigo,

cambias corazon

siempre llegas renovando

ha quien te esté llamando

lo escuchas desde lo alto;

Eres único,

por siempre DIOS

vivo,

tus hijos

te siguen alabando

porque tú nunca has fallado,

siempre pasa el tiempo

y sigues siendo verdadero ;

Eres único,

Dios eterno

te espera tu pueblo

tú eres nuestro dueño,

de ti hemos salido

a ti volveremos

para adorarte en el cielo

por siempre JESUCRISTO

nuestro SEÑOR ETERNO .

Alfarero querido...

Cristo amado Señor

alfarero querido

en tus manos estoy,

quiero caminar contigo

por siempre desde hoy,

toma todos mis caminos

y transforma mi corazón,

quebrantalo siempre

para tú gloria y honor;

Alfarero querido

mi vida te doy

todo lo quiero contigo

llename de tu amor,

para tener más de ti

y menos de mí,

así todos te conozcan

y sepan qué tú eres

él GRAN YO SOY;

Alfarero querido,

contigo nuevo soy

te amo

pero tú amaste primero

desde antes de la creación,

cómo no querer

estar en tus servicios

sí contigo me siento mejor;

Alfarero querido,

tú eres lo mejor

por eso ante ti me inclino

amado Jesucristo

mí Señor;

Alfarero querido,

siempre mi salvador

por ti estoy redimido

gracias a tu gracia

y fiel amor.

Al despertar...

Al despertar

siempre amor das

con solo observar

todas las maravillas

qué has creado para la humanidad ;

Al despertar,

tú misericordia

sueles reflejar

porque eres quien puede salvar

cualquier alma

qué te valla a buscar ;

Al despertar ,

siempre te miro incondicional

tú qué rescatas

ha todo qué tiene necesidad,

nunca rechazas

quien ha ti se quiera entregar

siempre le arropas

y nuevas sendas correrá ;

Al despertar,

eres estrella de la mañana

en todo lugar

tu brillo siempre suele reflejar,

eres alegría,

eres paz,

eres armonía,

eres sinceridad,

eres victoria

en cualquier lugar,

eres quien da vida,

tú no tienes igual,

para ti toda alabanzas

siempre toda la humanidad

ante ti se tiene qué inclinar,

para ti JESUCRISTO

sea toda la gloria

por toda la eternidad.

Más inmenso que el cielo...

Más inmenso que el cielo,

así es tú gran amor

no tiene límites

no se mide

porque es infinito,

alcanza a todos

tú llamado

no tene

comparación,

quema , arde

dentro del corazón,

abraza y entiende

nuestros límites

rellenando todo

con tu infinita pasión ;

Más inmenso que el cielo,

eres por siempre

amoroso DIOS,

llenas todo

con tu brillo

porque toda puerta abres

con tú fiel

amor ;

Más inmenso que el cielo,

es tú poder

inigualable

qué desde lo alto

acaricias siempre

nuestro ser,

quitando lo qué no es

de tú agrado,

haciéndonos siervos

para así extender

todo lo qué eres

JESUCRISTO

mí SEÑOR eres,

ha ti me sujeto

no me sueltes,

porque sin ti sería

un ciego .

Tu amor llena y alimenta...

Tu amor llena y alimenta,

quita la sed

y alegra,

toda alma

todo corazón

qué siempre busque

de tu inmensa compasión,

Padre admirable,

Principe de paz,

Salvador eterno,

Rey de reyes,

Señor de señores,

solo tú tienes toda

autoridad

para nuestras almas

llenar y alimentar ;

Tu amor llena y alimenta,

de manera sobrenatural

aquel qué ha puesto

todo en la naturaleza,

con sabiduría

eh inmenso poder,

todos saben de tu poder

y gloria,

y mí corazón

te ha de reconocer,

qué eres mí Señor

JESUCRISTO

quien por su pueblo

la vida entregó,

Tu amor llena y alimenta,

desde antes

de la creación,

y para ti mi DIOS

sean estas letras,

qué para ti sean

de olor fragante

mí SEÑOR.

En tú amor...

En tú amor

existe paz

se siente tranquilidad

él corazón se suele llenar

de gozo y fraternidad,

no hay nada igual

qué en tú presencia estar

es algo sin igual

contar con tu manera

de amar;

En tú amor

ahí un nuevo corazón

porque todo lo hacer renovar

para servirte mejor

y en todo lugar

llegue tu paz;

En tú amor

tenemos gracia

eso no se puede ocultar

qué canten todos

los habitantes de la tierra

gloria, gloria, gloria

al SANTO, SANTO, SANTO

qué sentado en el trono está;

En tú amor

amado JESUCRISTO

tú pasión hace respirar

teniendo nueva vida

para toda la eternidad;

En tú amor

quien no se llega

ha entregar,

sí con tu luz todo se llena

con tu gloria y verdad.

Añades...

Añades
luz,
Añades amor,
Añades
esperanza
y pasión,
solo contigo
llegamos al amor
llenos de esperanza
en tú Palabra
y corrección,
todos lo qué añades

es mejor

en todo los lugares

para tú gloria

y honor,

amado JESUCRISTO

contigo tenemos una vida

mejor,

guiada por tu sabiduría

y tú decisión sobre tu pueblo

es la mejor,

Añades todo,

para nuestro

crecimiento

ha tus servicios

condimentado

con amor ;

Añades

conocimiento

en todos los rincones

de tu pueblo

para qué hablemos

de tu salvación.

Llenas todo de ti...

Llenas todo de ti,

y así nos haces vivir

siendo para ti

siempre estaremos feliz,

no hay vida sin ti

no sabría por dónde seguir

pues solo tú me haces sentir

lo qué es reír;

Llenas todo de ti,

mí DIOS estoy aquí

solo tú sabes dirigir

por eso confío en ti,

siempre haces discernir

porque venimos de ti

y volvemos a ti;

Llenas todo de ti;

nada se iguala

al despertar

y estar junto ha ti,

das oportunidad

enseñando amar

con gran sinceridad,

mí Señor no te alejes

porque nada sería igual

no sabría caminar

y tampoco qué comunicar;

Llenas todo de ti,

Padre admirable

Rey de reyes

Señor de señores

vives eternamente

eres por siempre

quien bendices,

Llenas todo de ti,

hazme de ti

JESUCRISTO

toda gloria sea para ti.

¿ Quien ?...

¿ Quien ?

no va a tu encuentro

buscando amor

del tuyo

qué es sincero,

derretido

por tu pasión

desde el principio

de los tiempos;

¿ Quien ?

no te llama cuando

está necesitando

consuelo,

buscando del poderoso

y majestuoso

qué nos deja sorprendido

con sus maravillosos

hechos ;

¿Quien ?

no queda lleno

luego de ir buscando

tu presencia cómo

un niño de pecho,

y luego ser educado

con tu palabra siendo

el mejor alimento ;

¿ Quien ?

oh GRAN YO SOY

amado SEÑOR

 entrega su camino

en tus manos

y no queda satisfecho,

JESUCRISTO

eres DIOS

grande y poderoso

REY ETERNO.

Te busco y te encuentro...

Te busco

y te encuentro,

gracias SEÑOR

porque siempre cuento

con tu fiel amor,

sin importar el momento

eres mi DIOS

cuando mi corazón

te llama ahí está tú amor ;

Te busco

y te encuentro,

en cada oración

en todo comienzo

siempre estás mí SEÑOR,

ni el entero universo

te aparta de nosotros

y siempre estás escuchando

nuestro corazón;

Te busco

y te encuentro,

cuan grande eres DIOS

pues de ti han hablado

los siervos qué en él pasado

enseñaron sobre tú amor,

contigo todo corazón

se siente contento

desde el inicio

de la creación;

Te busco

y te encuentro,

te adoro mi SEÑOR

siempre te estará alabando

con alegría mis labios

y corazón.

Sin límites y fuerte...

Sin límites

y fuerte,

tú amor dispuesto

por siempre,

no hay contratiempo

para ti no existe

el silencio

llamas en cualquier

momento

no importa lo qué estemos

haciendo

porque tú amor

envuelve por siempre

estaremos contigo

eternamente ;

Sin límites

y fuerte

así amas intensamente

no quieres qué nadie

escape,

ha tú amor qué es inagotable

siempre estás dispuesto

ha brindarle

tú luz ha quien

quiera aceptarte ;

Sin límites

y fuerte

oh JESUCRISTO

Padre admirable

tú Reino es por siempre

te alabaremos

eternamente.

Eres bueno...

Eres bueno,

siempre fiel

en todo momento

nos vienes a socorrer,

tú amor es intenso

lleno de pasión

tú grandeza no tiene

límites,

Jesucristo eres

nuestro Señor,

Eres bueno,

eres el Rey

tú gobierno

es él qué quiero

toma mi corazón,

rompelo y armalo

alfarero,

llénalo de tu amor

para que en tus servicios

actúen de acuerdo

ah tú voluntad y amor;

Eres bueno,

siempre Dios

enorme en todos

los tiempos

ha tú Santo nombre

se le da honor ;

Eres bueno,

tú presencia

trae paz,

quitas la soledad

y reemplazas

con felicidad,

Eres bueno,

solo tú león de judá

nos sueles cuidar

y con tu gracia

vida nos das .

No hay mejor regalo...

No hay mejor regalo

más inmenso

qué la salvación

y la encontramos

en Jesucristo

Rey y nuestro

Señor;

Solo por gracia

es qué no podemos salvar

siendos liberados de la maldad

con toda su oscuridad;

No hay mejor regalo,

qué su amor

infinito y verdadero

lleno de compasión,

entregó su propio

cuerpo,

para qué fuera castigado

por nuestra rebelión,

Jesucristo eterno

él cordero qué Dios

envío,

No hay mejor regalo,

qué él qué nos entregó

nuestro Señor,

qué quiere para nosotros

todo lo bueno

por eso su vida él dio,

si quieres saber del regalo

tienes qué reconocerlo,

entregale tu corazon

en tu vida aceptalo

cómo tú Señor y Salvador.

Estar en ti...

Estar en ti

siempre es lo mejor

él calor de tú amor

no tiene precio

y es él más bello

esplendor,

no hay lugar

dónde no está

tú compasión

todo lo llenas

con tú mirada

llenando con tu gloria

cualquier corazón;

Estar en ti,

no tiene caduccion

tú amor es eterno

qué maravilla

escuchar tu llamado

con amor atenderlo

para tú gloria

y honor,

eres inmenso

Señor Jesucristo

qué todo lo cambias

con tú amor;

Estar en ti,

es tener perdón

ir directo hacia la resurrección

por tu gracia

y maravilloso

amor,

eres mi Señor

y lo gritó con todo

pulmón,

qué Cristo

es él dueño

de mí vida

y corazón.

Contigo hay...

Contigo hay,

paz,

esperanza,

amabilidad,

tranquilidad,

felicidad,

oh contigo mi Señor

existe el amor

un mundo nuevo

lleno con tu esplendor,

caminando de tu mano

todo es mejor

delante de tus ojos

servirte con pasión ;

Contigo hay,

todo lo mejor

todos los días aprendiendo

tú lección,

así cómo niños

buscando tu amor

queriendo ser de tu agrado

Jesucristo eterno

Señor ;

Contigo hay,

Bendición

llamados para él amor

por medio de tu salvación,

Rey eterno

eres glorioso

no hay otro Dios

por quien tengamos

resurrección;

Contigo hay,

un corazón lleno

de gozo

y amor

porque eres el dueño

de toda la creación.

Nueva vida...

Nueva vida

por tu gracia

liberado ahora

de la maldad

y oscuridad,

dónde quiera

qué valla

tú luz acompañará

ha quien te reconozca

en su vida

porque todo nuevo

lo harás ;

Nueva vida,

con Jesucristo

sucederá,

desde el primer momento

qué se la suelas

entregar,

sin negar en nada

todo le entregaras

porque ha ser nueva

criatura

él te llevará,

será la señal

de que el Señor

contigo agradado está

y en verdes pastos

él te ara reposar ;

Nueva vida,

porque todo Jesucristo

lo restaurara

poniendo palabra

de vida

qué no se puede despreciar,

dentro de ti correrá

ríos de aguas viva

así gracias a Cristo sucederá.

Bueno siempre...

Bueno siempre

lleno de amor

no hay comparación

en tu compasión,

ha todos nos estás llamando

para participar en tú reino

porque tenemos salvación

en Jesucristo

nuestro Señor;

Bueno siempre,

limpiando a todos

gracias por tu sacrificio

para acercarnos

al Padre Dios,

oh Jesucristo

gracias por la gracia

de tú amor

mediante tu sacrificio

nos llamas

buen pastor,

no hay ningún otro

nombre qué nos de salvación

solo Jesucristo

es él Señor

y mediante ti ahí salvación ;

Bueno siempre

mí amado Dios

siempre dispuesto

ha otorgar el perdón,

cambiando desde luego

el corazón,

haciéndolo cambiar

para beneficio

de tus hijos

amado Señor;

Siempre bueno

por siempre buen pastor

Jesucristo

amado Señor,

gracias por tu perdón.

En tiempos difíciles...

En tiempos difíciles
tú amor es indestructible
nos tomas siempre
siendo nuestro Padre
admirable;
no hay contratiempo
cuando tú salvación
tenemos,
llevándonos hacia
tus rebaños,

dónde todo es seguro

y nada hace daño;

En tiempos difíciles

es cuando el corazon

más a ti se va entregando

deja de poner resistencia

hacia aquel qué su vida

en rescate de otros

ha entregado,

En tiempo difíciles

conocemos más de tú amor

qué dura siglos

y nunca es retirado,

llevando a tu pueblo

hacia un nuevo amanecer

dónde contigo

hay comunión

y el amor no es negado ;

En tiempo difíciles

solo tú amado Señor

sabes estar a nuestro lado

toda herida curando

y el alma sanando,

oh Jesucristo

él gran YO SOY

siempre has sido

el que endereza el camino

a todo el que a tú lado

se está acercando ;

En tiempo difíciles

siempre estás Señor

Jesucristo

todo renovando

con él amor

qué solo tú

nos has entregado,

no hay algo mejor

qué conocer de tú amor

gozar de tu compasión

y qué nuestros labios

te esten alabando ;

En tiempo difíciles

solo tú amado Dios

nos haces vivir confiado.

Hay victorias...

Hay victorias

teniendo al cordero

sí en él confiamos

nuestros pasos

serán verdaderos,

no habrá pasos

en falso

sí Cristo

se hace cargo

todo el tiempo

estaremos aprendiendo

todo lo qué es bueno

porque Dios nunca nos a abandonado ;

Hay victorias,

porque él Señor

ha vencido

todos los pecados

de los cuales ÉL nos ha librado

para qué seamos

su pueblo santo

siempre dedicados

con nuestros actos

glorificarlo,

Jesucristo Bendito

tú gracia nos hace salvo,

con tu sangre nos has liberado

de seguir siendos esclavos

del pecado ;

Hay victorias,

porque ha Dios servimos

con EL estamos protegidos

hasta qué venga a buscarnos,

pues estamos redimidos

por la gracia de nuestro

Señor Jesucristo.

Eres grande Dios...

Eres grande Dios

en todo momento

no hay complicación

qué me saque de tu amor,

eres único

Rey y Señor

en todos los tiempos

tú fama es mayor,

tú amor es mejor

qué cualquier lujo

qué ofrece el mundo

porque a tú lado tenemos

él gozo de estar contigo;

Eres grande Dios,

siempre lleno de amor

inmenso y misericordioso

eres quien da el perdón,

en tu protección

somos dichosos

de contar con tu salvación,

siempre estás cuidando

de tu rebaño

ha ti te escuchamos

buen pastor,

enséñanos en todo

momento,

ha obedecer por medio

de tú amor;

Eres grande Dios,

tú nombre poderoso

ante ti arrodillado

por tu grandeza y amor,

siempre sigue llenando

éste corazón,

aceptando tú corrección

eres él único

qué merece todo

él honor

Jesucristo Bendito

eres grande mi Señor.

Toda gloria...

Toda gloria
sea para él Señor
quien creo el cielo
y la tierra
con su sabiduría
y amor,
solo él Señor
de todo
es el dador
 él toda dificultad
la convierte en bendición,
cuando se levanta

es grande su esplendor

qué de esperanza

te llena

cubriendote

de amor;

Toda gloria,

sea para Dios

qué siempre rescata

de la desesperación,

sin ÉL sería nada

no tendría amor

no conocería

el buen camino

iría a la destrucción;

Toda gloria,

y honor

son del Señor

qué muestra el buen camino

y en sus maravillas

con su gracia

nos unió,

Bendito sea

Jesucristo

qué con su sangre nos compró

para presentar a la iglesia

cómo su novia

sin manchas, pura

y llena de amor.

Mi vida contigo...

Mi vida contigo

es mejor

tiene otro sentido

y es por tu amor,

te alabo Jesucristo

eres mi Señor

en ti estoy rendido

me llena tú amor,

llenas el corazón

y ya no me siento

perdido,

por ti me siento

bendecido

gracias por tu perdón;

Mi vida contigo

ha tomado otra dirección

porque por ti soy redimido

me llevas a la presencia del altísimo

Dios,

solo contigo

podemos obtener el perdón

y por tu amor ser cambiado

ha una persona mejor

para estar a tus servicios

con verdadero amor;

Mi vida contigo

me sorprendo

en cómo cambió

por eso en todo momento

te invito,

pues solo contigo

puedo tener amor,

eres mi dueño

Jesucristo

eres mi Señor

de tu mano

no me suelto

porque me siento

perdido,

sin tú dirección.

Siempre estás...

Siempre estás
de nuestras vidas
cuidando,
miras tú rebaño
lo cuidas de los extraños
siempre defendiendonos
con tu majestad y gloria,
eres Dios Santo
tú poder
es para siempre
todo lo controlas
a ti sea todo

él honor

y gloria ;

Siempre estás,

nuestras vidas

de bendición llenando

tú invitación

nunca quitando

de pertenecer

ha tú reino

al qué estás llamando,

eres Dios bueno

Señor eterno

quien controla

todos los tiempos

Bendito Cordero ;

Siempre estás,

guiándonos para

qué hagamos

lo bueno,

poniendo en nosotros

un corazón nuevo

Señor nuestro

Jesucristo eterno.

Apocalipsis 4;11
Digno eres, Señor y Dios nuestro,
de recibir la gloria y él honor
y él poder, porque tú creaste todas
las cosas, y por tu voluntad existen
y fueron creadas.